BEI GRIN MACHT SICH IHR WISSEN BEZAHLT

- Wir veröffentlichen Ihre Hausarbeit,
  Bachelor- und Masterarbeit

- Ihr eigenes eBook und Buch -
  weltweit in allen wichtigen Shops

- Verdienen Sie an jedem Verkauf

Jetzt bei www.GRIN.com hochladen
und kostenlos publizieren

GRIN ☺

Sabine Wittek

Unternehmensplanung Mitschrift

GRIN Verlag

Bibliografische Information der Deutschen Nationalbibliothek:

Die Deutsche Bibliothek verzeichnet diese Publikation in der Deutschen National-
bibliografie; detaillierte bibliografische Daten sind im Internet über http://dnb.d-
nb.de/ abrufbar.

Impressum:

Copyright © 2014 GRIN Verlag GmbH
Druck und Bindung: Books on Demand GmbH, Norderstedt Germany
ISBN: 978-3-656-91237-8

Dieses Buch bei GRIN:

http://www.grin.com/de/e-book/288192/unternehmensplanung-mitschrift

GRIN - Your knowledge has value

Der GRIN Verlag publiziert seit 1998 wissenschaftliche Arbeiten von Studenten, Hochschullehrern und anderen Akademikern als eBook und gedrucktes Buch. Die Verlagswebsite www.grin.com ist die ideale Plattform zur Veröffentlichung von Hausarbeiten, Abschlussarbeiten, wissenschaftlichen Aufsätzen, Dissertationen und Fachbüchern.

Besuchen Sie uns im Internet:

http://www.grin.com/

http://www.facebook.com/grincom

http://www.twitter.com/grin_com

Unternehmensplanung

Unternehmensplanung: Managementfunktion zur Ausrichtung zukünftiger Unternehmensprozesse auf die Unternehmensziele.

Planung: Strukturierter Prozess der Entscheidungsfindung über einen Handlungsrahmen, der durch weitere unmittelbar ausführbare Detailentscheidungen ausgefüllt wird.

Kennzeichen einer effektiven Planung sind: (Analyse von Ist-Zuständen)
- Sachlichkeit (Nachvollziehbare Daten für die Planung/Begründungen der Daten müssen vorhanden sein)
- Kompetenz (kompetentes Planungsteam, die die Planung durchführen)
- Kreativität (bei der Umsetzung der Ziele)
- Problem- bzw. Problemlösungsorientierung
- Zukunftsorientierung (Planung ist immer Zukunftsorientiert)

Notwendigkeit der Planung:
- gesättigte Märkte (z.B. Automobilindustrie: zu oft und zu viele Modelle)
- Zunehmende Komplexität und Dynamik
- Globalisierung
- Beschleunigter technischer Fortschritt
- Übergang „Manpower" ~ „Brainpower" (weniger körperliche Arbeit)
- Kürzere Produktlebenszyklen
- Digitale Revolution (alle Geräte digitalisiert, kaum noch Mechanik)
- Allianzen, feindliche Übernahmen (Märkte verändern)
- Abnehmende Stabilität der Unternehmensumwelt

Generelles Problem
- Komplexität (Unternehmensziele stehen zu verschiedenen Beziehungen zueinander)
- Unsicherheit (mangelnde Info, Unvollkommene Infos)
- Unschärfe (riesiges Problem, irgendetwas ist nicht vernünftig definiert, Ziele nicht richtig definiert, wenn die Ziele nicht richtig definiert, dann können sie nicht gemessen werden)

Mit Planung kann man mehr erzielen. Probleme die auftreten können, können so frühzeitig erkannt werden.

- Planung ist essentielles Element zielstrebiger Unternehmensführung
  o Kontrolle des Erreichen ohne Planung unmöglich
  o Planung schafft Problembewusstsein und Handlungsmöglichkeiten

- De facto ist Unternehmensführung ohne Planung bei relativ konstantem wirtschaftlichem Umfeld möglich, wenn
  o Inputverfügbarkeit gesichert
  o Keine bzw. nur geringe technologische Änderungen existieren
  o Outputs zu passablen Konditionen absetzbar bleiben

- Planung bleibt notwendig, bei
  o Schwankenden Umweltbedingungen und zielstrebigem Selbstbehauptungswillen des Unternehmens
  o Als Koordinationsinstrument vor allem in großen Unternehmen

Rolle der Planung im Unternehmen:
- Erkennen und Strukturieren von Problemen
- Planung zwingt zu wirtschaftlichem Denken und sachlichem Vorgehen
- Planung veranlasst, Erwartungen und Einstellungen zu bilden, kritisch zu hinterfragen bzw. zu überprüfen
- Planung bewirkt, dass das Unternehmen nicht als Summe einzelner Teilbereiche, sondern als ganzes betrachtet wird.
- Planung bewirkt Identifikation von Mitarbeitern mit dem Unternehmen und wichtigen Aktionen
- Planung veranlasst zum Denken in Zeitabschnitten, zu längerfristigem Denken
- Planung trägt zu kreativem Denken bei
- Planung fördert problemorientierte bzw. Problemlösungsorientierte Vorgehensweisen
- Planung hilft, Ziele zu entwickeln und zu variieren
- Planung ist Entscheidungsvorbereitung
- Motivation der Mitarbeiter zur Zielerreichung
- Förderung der Kommunikation auf horizontaler und vertikaler Ebene
- Planung koordiniert Ziele und Maßnahmen einzelner Bereiche
- Planung zwingt zum Überdenken von ad-hoc Entscheidungen
- Planung schafft Kontrollmöglichkeiten(Soll-Ist-Vergleiche)
- Planung ermöglicht schnelles Reagieren auf neue Situationen

Gefahren der Planung im Unternehmen:
- Ausgehen von nicht erreichbaren Zielen
- Unrealistische Annahmen
- Planung von „nicht-planbarem" (z.B. ein Schirmproduzent kann das Wetter nicht planen)
- Falsche Plansätze durch nicht vorhersehbare Ereignisse und Entwicklungen
- Frustration durch Enttäuschungen aufgrund von Fehleinschätzungen; dadurch mangelnde Bereitschaft für weitere Planungen
- Z.T. hoher Aufwand der Planung

Planung nach dem Zeitraum:
- langfristige Planung > 5 Jahre
- mittelfristige Planung 2-5 Jahre
- kurzfristige Planung < 1 Jahr

Planung nach dem hierarchischen Überordnungsverhältnis der Planungsstufen:
- **Strategische Planung** (Richtungsweisende Planung /Welche Zielgruppe will ich ansprechen? Erfolgsfaktoren festlegen) **(langfristig)**
- **Taktische Planung** (Ressourcenplanung, Ableitung der strategischen Planung, Standortwahl, organisatorische Maßnahmen, Investitionen, strategische Ziele konkretisieren) **(mittelfristig)**
- **Operative Planung** (laufende Disposition wie z.B. in der Arbeitsvorbereitung) **(kurzfristig)**

Je höher der Detaillierungsplan, desto geringer die Unsicherheit.

Planung nach dem Bereich:
- Beschaffungsplanung
- Lagerplanung
- Produktionsplanung
- Absatzplanung

- Finanzplanung
- Personalplanung

Planung nach dem Integrationsgrad:
- Totalplanung (Unternehmensgesamtplan)
- Partialplanung (Planung in Teilen, Bereichen)
- Sukzessivplanung (zeitlich ablaufende Planung/Reihenfolge der Planung)
- Simultanplanung (gleichzeitige Planung aller Bereiche, man braucht eine Zentralsteuerung)
- Integrierte Gesamtplanung (alle Unternehmensbereiche werden geplant)
- Nichtintegrierte Gesamtplanung (Unternehmensbereiche werden getrennt geplant)

Partial- und Sukzessivplanung werden in den Unternehmen durchgeführt.

Planung nach der Datensituation:
- Planung bei Sicherheit
- Planung bei Unsicherheit

Planung nach dem Inhalt:
- Grundsatzplanung
- Zielplanung
- Strategieplanung
- Maßnahmenplanung

Anpassungsfähigkeit der Planung:
- Starre Planung (Plan wird nicht verändert, ist fest)
- Rollierende Planung (nur ein kleiner Teilplan wird realisiert, ständige Fortschreibung des Plans, permanenter Prozess der Planung)
- Flexible Planung (Planung in Alternativen, zu Grunde Legung unterschiedlicher Prämissen pro Alternative, hoher Sicherheitsgrad bei hohem Aufwand, Nutzung des Zustandsbaums zur Darstellung unterschiedlicher Entwicklungen)

Planungsträger:
Definition der Planungsträger abhängig von
- der Art der Planung
- der organisatorischen Struktur des Unternehmens

Planungsträger:
- Einzelne Funktionsträger
- Übergeordnete Funktionseinheiten
- Bereichsleitungen
- Zentrale Planungsbereiche und Planungsstäbe
- Controller
- Planungsteams
- Ausschüsse und Kommissionen
- Planungsinstanzen von Unternehmenszusammenschlüssen
- Externe Stellen

Grundsätze der Planung
- Langfristigkeit der Planung
- Vollständigkeit der Planung
- Anpassungsfähigkeit der Planung

3

- Stabilität der Planung
- Verbindlichkeit der Planung
- Kontrollierbarkeit der Planung
- Realisierbarkeit der Planungsvorhaben

Planung: legt fest, welche Entscheidungen getroffen werden müssen, damit künftige Ereignisse eintreten.

Prognosen: sagen voraus, das mit dem Eintreten bestimmter Ereignisse wahrscheinlich zur rechnen sein wird.

Planung und Prognose beziehen sich beide auf die Zukunft.

Informationen als Grundlage der Planung
Unterscheidbar nach:
- der Informationsquelle
- der Häufigkeit des Anfalls
- dem zeitlichen Abstand
- dem Informationszustand
- der hierarchischen Stellung der Empfänger
- der Rolle im Rahmen des Entscheidungsprozesses
- Ihrem Charakter (Tatsacheninfos, Prognoseninfos, Trendinfos)
- Ihren Objekten (Finanzinfo, Marketing, Personal)

Informationsquellen:
- Interne Informationsquellen
  - o Finanzbuchhaltung
  - o Kostenrechnung
  - o Statistik
  - o Investitionsrechnung, Kapitalbedarfsrechnung, etc.
  - o Marktforschung
- Externe Informationsquellen
  - o Staat, statistische Bundesämter, Wirtschaftsverbände
  - o Institute, Geschäftsberichte, Medien, Literatur, Datenbanken, etc.

Deckung des Informationsbedarfs durch:
- klassische Medien wie Zeitungen, Zeitschriften, Fernsehen, Radio
- CD-ROM, PC, Standleitungen
- Kommerzielle Datenbanken wie PIMS, TELEDA-TA Report, Trade and Industry Index, Reuter Business Briefing, Reuters Wirtschaftsnachrichten
- Weitere Informationssysteme

Entwurf von Planungsrichtlinien (sind dafür da, das alle wissen wie geplant wird, Ziele Absichten...)
- Aufbau der Planung
  - o Planungsträger und ihre Funktionen
  - o Teilpläne und ihre Koordination
- Ablauf der Planung
  - o Planungsrichtung
  - o Inhaltliche Planungsablauf
  - o Zeitlicher Planungsablauf
  - o Planungstechniken

Aufbau der Planung: Planungsträger, -funktionen
Entwicklung eines Aufgaben- und Kompetenzbildes
- Def. Der zu erfüllenden Aufgaben
- Def. Des Inhalts
- Def. Von Kompetenzen
  o Entscheidung
  o Planung
  o Kontrolle
  o Ausführung
  o Bzw. Informations-, Entscheidungs-, Kontrollrechte
- Def. Der Schnittstellen (hierarchische Ebene bei der Partialplanung, klare Schnittstellen definieren)

Aufbau der Planung: Teilpläne und ihre Koordination
- Berücksichtigung von Abhängigkeiten in der Unternehmensplanung
  o Je nach Berücksichtigung der Interdependenzen:
    - Isolierte Bereichplanung (keine Interdependenzen)
    - Simultanplanung
    - Hierarchische Unternehmensplanung mit vertikaler bzw. horizontaler Dekomposition(Zerlegung)
- Festlegung des Detaillierungsgrades der Planung
- Festlegung der Richtlinien zur Koordination und Integration der Teilpläne

Methoden zur Koordination(Planungsrichtung):
- **Top- down- Methode:** Retrograde Planung, Unternehmensleitung gibt den strategischen Plan vor, Vorteil: Kompetenzen klar gesetzt, Koordinierungsaufwand begrenzt
- **Bottom - up – Methode:** Progressive Planung, auf der untersten Ebene werden die Pläne erstellt und an die höhere Ebene weiter gegeben, Mitarbeiter sind motivierter, Nachteil ist, das strategische Ziele schwer zu verfolgen sind.
- **Gegenstromverfahren:** Kombination von Top- down und Bottom - up. Man startet immer bei der top- down- Methode um die strategischen Ziele sicher zu stellen. Sehr hoher Aufwand, Vorteil ist, das die Mitarbeiter den Plan mit erstellen.

Inhaltlicher Planungsablauf
Zentrale Planungsarbeiten: Initiierung, Entwurf von Formularen, Festlegung von Ober-/Untergrenzen der Planinhalte; Koordination der Teilpläne und Korrektur von Planwerten; Konkretisierung von Planungsgrundsätzen

Dezentrale Planungsarbeiten: Ausarbeiten der Planentwürfe, Teilnahme an Koordinierungsmaßnahmen; Teilnahme an der Planrevision; Anregungen und Verbesserungsvorschläge

Zeitlicher Planungsablauf:
Definition von Aktivitäten, Verantwortlichen und Terminen
Welche Aktivitäten zu welchem Termin und wer ist der Verantwortliche?

Planungstechniken

Qualitative Planungstechniken

Entscheidungsbaumtechnik
- Anwendung für komplexe und unsichere Entscheidungssituationen, die mehrere Lösungen bedingen
- Verschiedene Lösungswege und ihre Konsequenzen werden als Äste eines Baumes dargestellt.
- Eintritt einzelner Situationen mittels Wahrscheinlichkeiten zu gewichten

Entscheidungstabellentechnik
- Anwendung bei der Suche und Konkretisierung von Alternativen bzw. der Entscheidungsfindung
- Einfache Handhabung: In Matrixform Formulierung von Bedingungen und Aktionen der Alternativen
- Durch Ankreuzen in den Feldern wird klargestellt, welche Maßnahmen sich unter welchen Bedingungen ergeben.

Was unterscheidet die Entscheidungsbaumtechnik von der Entscheidungstabellentechnik?
Tabellentechnik hat keine Gewichtung der Situation, nicht grafisch
Und die Baumtechnik hat keine Zahlenergebnisse, grafische Aufbereitung

Delphi-Methode
- Verwendung in der Prognose und bei der Suche von Lösungsideen
- Charakteristisch: Aufbietung von Experten, deren Urteil im Wege der schriftlichen Befragung eingeholt wird; aus Einzelurteilen wird ein Gruppenurteil gebildet
- Entscheidend ist Wahrung der Anonymität, damit die Beeinflussung ausbleibt
- Ablauf in mehreren Phasen
- Anwendung:
    o Erschließung neuer Märkte
    o Einführung neuer Produkte
    o Lösungsideen für Preise
    o Image-Verbesserung
    o Um Problemlösungsideen raus zu finden.

Szenario-Technik
1. Aufgaben- und Problemanalyse (Def. + Gliederung des Untersuchungsfeldes)
2. Einflussanalyse (Identifizierung und Strukturierung)
3. Trendprojektion (Entwicklungstendenzen festlegen)
4. Alternativenbündelung
5. Szenario-Interpretation
6. Konsequenzenanalyse (Was ist zu erwarten? Ableiten der Chancen und Risiken)
7. Störereignisanalyse (Welche Störfaktoren gibt es?)
8. Szenario-Transfer (in den Unternehmensplan)
Anwendung bei der Einführung eines neuen Produkts.

Kreativitätstechniken

- **Brainstorming**
  - Ideenäußerung, Diskussion und Weiterentwicklung in kleinen Gruppen unter Spontaneität und Lockerheit

- **Methode 635**
  - Vorlage schriftlicher Problemstellungen einer sechsköpfigen Gruppe (6), zu welchen jeder Gruppenteilnehmer mindestens (3) Lösungsvorschläge in (5) Minuten erstellen soll; Weiterreichung der Lösungen an anderen Gruppenteilnehmer, der wiederum die vorliegenden Lösungen weiterentwickelt.

- **Synektik**
  - Schrittweise Verfremdung eines Ausgangsproblems durch Bildung von Analogien zu anderen Lebensbereichen; nach mehreren Schritten „Gewaltsame" Rückbesinnung auf das Ausgangsproblem („ force fit")

- **Morphologische Methode**
  - Entspricht einer Strukturanalyse, die dazu dient, alle Lösungen eines vorhandenen Problems abzuleiten; 5 Schritte:
    - allgemeine Definition des Problems ohne Angabe von Lösungsansätzen
    - Zerlegung des Problems in die Lösung beeinflussende Komponenten (Aufstellung der Parameter)
    - Aufstellung des morphologischen Kastens (Matrix) durch Festlegung einer Lösungsalternative für jeden Parameter
    - Auswahl der Lösungsalternativen, die nach unternehmensinternen Kriterien optimal sind.

Quantitative Planungstechniken

Zeitreihenanalysen

Einfache Trendextrapolation (Freihandmethode)
Entspricht einer grafischen Verlängerung der festgestellten Entwicklung in die Zukunft; wegen geringem Genauigkeitsgrad nur für kurzfristige Prognose geeignet.
Vorteil: schnell, einfach

Technik des gleitenden Durchschnitts
Bei der Mittelwertbildung aus einer stets gleich langen Zeitreihe erfolgt der Ersatz de jeweils ältesten Periodenwertes durch den neuesten. Vorteil: schnell, einfach , Ungenauigkeit des grafischen entfällt und schließt Schwankungen aus.

Trendextrapolation
Basiert auf Vergangenheitsdaten; Annahme Gesetzmäßigkeiten der Vergangenheit gelten auch für die Zukunft; häufigste angewandte Methode: Methode der kleinsten Quadrate:
Mathematische Bestimmung einer Ausgleichsgerade $y = a + bx$ der zu messenden Größen in der Form, dass die Summe der Abweichungsquadrate von der Geraden minimal wird.

Exponentielle Glättung 1. Ordnung:
Unterschiedliche Gewichtung der vorliegenden Werte: je größer der Glättungsfaktor, desto stärker werden aktuelle Werte und umso schwächer alte Werte berücksichtigt.

Regressionsanalyse
- Einsatz bei Zusammenhängen zwischen einer abhängigen und einer unabhängigen Variablen, z.B: durch Berechung einer Regressionslinie kann die Abhängigkeit zwischen Werbeausgaben und Umsatz festgestellt werden; einfachste Methode: Methode kleinster Quadrate
- Erweiterung über Korrelationsrechnung zur Überprüfung, ob ein Zusammenhang in der zunächst ermittelten Art und Weise besteht.

Nachteil: sehr zeitaufwendig, Datenerfassung teils mangelhaft

Mathematische Optimierungsverfahren/Operation Research

Lineare Programmierung
- Darstellung von Zielfunktion und Restriktionen als lineare Funktionen
- Optimierung einer linearen Zielfunktion bei ebenfalls linearen Nebenbedingungen, Lösungsalgorithmus i.d.R. Simplex-Methode
- Anwendungsbereich: Bestimmung optimaler Produktionsprogramme, Transportoptimierung, Kostenminimale Maschinenbelegungsplanung etc.

Nichtlineare Programmierung
- Darstellung von Zielfunktion und Restriktionen als nicht-lineare Funktionen
- Mathematisch noch wenig ausgebaut; Durchführung über stückweise Linearisierung auf der Basis von Näherungsverfahren
- Anwendungsbereich: Bestimmung und Verteilung optimaler Werbebudgets, optimale Wertpapierauswahl (Portfolio-Selektion),etc.

Dynamische Programmierung
- Rechentechnik zur Lösung komplexer mehrstufiger Programme, bei welchen Optimierung nicht für alle Variablen gleichzeitig, sondern in mehreren aufeinander folgenden Schritten durchgeführt wird.
- Anwendungsbereich: Mehrperiodige Produktions- und Investitionsplanung, mehrperiodige Budgetierungsprobleme, mehrperiodige Planung von Lagerhaltung und Ersatzproblemen.

Parametrische und stochastische Programmierung
- Erfassung der in ein Modell eingehenden Daten als Funktionen eines Parameters (parametrische Pr.) oder aber zufällige Variable (stochastische Pr.)
- Verfahren dient der Ergänzung der linearen Programmierung
- Keine Optimallösung, nur optimale Lösungsbereiche
- Anwendung: entsprechend linearer Programmierung

Experimentelle Verfahren des Operation Research

Heuristische Programmierung
- empirisch orientierte Verfahren
- Ziel: Verkürzung des enormen Rechenaufwandes mathematischer Programmierung durch detaillierte Analyse des Entscheidungssystems
- Bewusste Beschränkung des Lösungsgebietes, so dass keine optimale, sondern lediglich eine sinnvolle Lösung des Problems erreicht wird.
- Anwendung: Standortplanung, Wertpapierportfoliobestimmung, Produktionsablaufplanung, Travelling Salesman Problem

Simulation
- Durchspielen realer Vorgänge an einem Modell mit Hilfe von Experimenten (Vorgänge modellieren)
- Beantwortung von What- if- Fragen und If- then -else Szenarien (Was passiert wenn, ich das Produkt vom Markt nehme? , Was muss ich tun, um einen Gewinn von 40.000 € zu bekommen?)
- Anwendung: Unternehmensplanspiele, Lagerhaltungs- und Ersatzprobleme, Prognosen von Käuferverhalten etc.

Netzplantechnik
- Instrument zur überschaubaren Gestaltung der Planung
  o bzgl. Zeitlichen Ablauf einzelner Planungsschritte
  o bzgl. des sachlichen und zeitlichen Zusammenhangs der einzelnen Planungsschritte bzw. deren Bedeutung für den Gesamtplan
  o bzgl. der Darstellung von Reserven
- Universell einsetzbar, gute Erkennbarkeit von Planabweichungen; leichter DV-Einsatz
- Verfahren der Netzplantechnik:
  o CPM: Critical Path Method
  o PERT: Program Evaluation and Review Technique
  o MPM: Metra Potential Method
  o LESS: Least Cost Estimating and Scheduling
  o RAMPS: Resources Allocation and Multi-Project-Scheduling

Nutzwertanalyse
- Anwendung für Bewertung von mehreren Alternativen bei mehrfacher Zielsetzung
- Nutzwertrechnung ermittelt den in Zahlen ausgedrückten subjektiven Wert von Maßnahmen im Hinblick auf die Zielvorgaben
- Kernproblem der Nutzwertrechung: Bestimmung der Bewertungskriterien
- Bewertungsmaßstab: nominale, ordinale oder kardinale Skalierung

Grundsatzplanung

Unternehmensphilosophie:
- einheitliche Grundaussage des Unternehmens bzgl. Einstellungen, Verpflichtungen als Rahmen für Handlungen, Ziel- und Strategiedefinition
- Voraussetzung für eine erfolgreiche Planung aber auch Ergebnis von Planungen
- Langfristige Beeinflussung der Unternehmenspolitik
- Ermöglicht Übergang von strategischer Planung zur strategischen Führung

Corporate Identity: Erscheinungsbild des Unternehmens bzgl. Soll-Image, Corporate Design (Logo, Farben, etc)

Phasen der Grundsatzplanung:
- Zielplanung
- Alternativengenerierung
- Alternativenbewertung
- Prognosetechniken

Tipps zur Zielplanung:
1. Implizierte Ziele explizieren

2. Negative Zielsetzungen vermeiden
3. Globale Zielsetzungen konkretisieren
4. Zwischenziele setzen
5. Unklare Ziele „dekomponieren"

Stufen des Zielbildungsprozesses
- Zielsuche
- Operationalisierung der Ziele
- Zielanalyse und –ordnung
- Realisierbarkeitsprüfung
- Selektion (Zielentscheidung)
- Zielverwirklichung
- Zielüberprüfung und –revision

Anforderungen an Zielformulierung:
- Realistik (mit normaler Anstrengung erreichbar)
- Ordnung (Hierarchie von Zielen)
- Konsistenz (Ziele so formulieren, das sie nicht konkurrieren)
- Aktualität (ständige Überprüfbarkeit)
- Vollständigkeit (alle Aspekte berücksichtigen)
- Durchsetzbarkeit (Ziele sind nur realisierbar, wenn die Mitarbeiter die Ziele mit durchsetzen)
- Organisationskongruenz
- Transparenz und Überprüfbarkeit

Zielsystem: Vielzahl von Zielen, die in Verbindung zueinander stehen

Zielebenen: Oberziele – Unterziele
Hauptziele – Nebenziele

Zielbeziehungen:
- komplementäre Ziele (Ziele die sich gegenseitig unterstützen)
- konkurrierende Ziele (Ziele die sich entgegen stehen z.B. Kostenmin. Und Kostenmax.)
- Zielantinomie (realisiert von Ziel 1 schließt die Erreichung von Ziel 2 aus)
- Zielindifferenz (Zielneutralität) (Ziel 1 hat keine Verbindung zum Ziel 2)
- Zielkonflikt (ergeben sich aus konkurrierende Ziele)

Wachsende Risiken und Erfahrungen
- 60 er Jahre : Planung charakterisiert durch Extrapolation von Vergangenheitsdaten in die Zukunft
- Vorherrschen von auf Trends beruhenden Prognoseverfahren
- Heute: Linearer Planungsansatz kann zu erheblichen Fehlplanungen führen, da Muster der Vergangenheit kaum auf Zukunft übertragbar
- Steigender Einfluss von politisch-rechtlicher, ökonomischer, soziokultureller und ökologischer Umwelt auf das Unternehmen, Lieferanten, Kunden, Kapitalgeber und Konkurrenten

Zentrale Bedeutung der Strategischen Planung
- strategisch planende Unternehmen nachweislich erfolgreicher als ihre rein auf operative Geschäftstätigkeiten ausgerichteten Wettbewerber → Notwendigkeit strategischer Planung
- Zweck: Antizipierung der Veränderungen des Marktgeschehens
- Vermeidung von risikoscheuer, nur auf den kurzfristigen Erfolg ausgerichteter Planung
- Integrierte Planung statt isolierter Teilpläne

Strategische Planung
- Prozess der Entscheidung über
  o Ziele und Zieländerungen
  o Strategien
  o Input : zu nutzende Ressourcen (Welche Ressourcen will ich nutzen?)
  o Output: Produkt-Markt-Kombination
  o Akquisitionspolitik, Dispositionsgrundsätze (generelle Regelungen müssen entschieden werden)
- Markt – und Zukunftsorientiert
- Grundfragen der strategischen Unternehmensführung:
  o In welchen Geschäftsfeldern wollen wir tätig werden?
  o Wie wollen wir den Wettbewerb in diesen Geschäftsfeldern bestreiten?
  o Was ist unsere längerfristige Erfolgsbasis?

Entwicklung von Strategien bedeutet das Treffen von Grundsatzentscheidungen über alle unternehmerischen Bereiche, die unternehmerische Absichten gedanklich in die Realität umsetzen.

Wesen strategischer Planung
Bestimmung der Erfolgspotentiale durch
- Erkennen und Nutzen von Chancen
- Vermeidung von Risiken
- Ausbau von Stärken, Beseitigung von Schwächen

Instrumente für die Strategische Planung

Portfolio- Analyse
- Grundgedanke : Aktivitäten im Sinne von Produkt- Markt- Kombinationen bilden ein Portefeuille ähnlich Wertpapierportefeuilles.
- Ziel: ausgeglichenes Portefeuille bzgl. risikoreichen und sicheren Aktivitäten
- Geeignetes Instrument zum Aufzeigen von Fakten und Problemen, die in der Planung Berücksichtigung finden sollten
- Existenz vielfältiger Portfolio-Konzepte
- Häufigstes Instrument: Portfolio-Matrix
- Wesentliche Inhalte der Portfolio-Matrix:
  o Positionsbeschreibung eines Produkts in 2-dimensionalem Achsenkreuz; Achsenbezeichnungen beinhalten
    ▪ Charakteristische Eigenschaften des betreffenden Marktes
    ▪ Position des Produktes in diesem Markt, z.B. durch unterschiedlich große Kreise, die die Bedeutung des Produktes gemessen an einer bestimmten Größe symbolisieren

- o Formulierung von Thesen über die Bedeutung einzelner Matrixfelder
- o Formulierung von Thesen über Positionsveränderungen der Produkte in Folge von Marktdynamik und strategischer Entscheidungen

Kritik:
- leicht handhabbar, anschaulich, Berücksichtigung zukünftiger Entwicklungen
- Mangelnde Berücksichtigung der Interdependenzen zwischen einzelne SGE
- Starre Festlegung der Beurteilungskriterien
- Statische Charakter
- Nicht immer ausreichende Berücksichtigung der Konkurrenz
- Vernachlässigung nicht oder nur schwer quantifizierbarer Daten
- Mangelnde Herstellung von Beziehungen zu anderen Analyseinstrumenten
- Keine ausreichende Berücksichtigung technologischer Entwicklung, plötzlicher Umweltveränderungen
- Problem der Informationsbeschaffung

Erfahrungskurve
- Hilfsmittel zur Analyse und Prognose der Entwicklung der eigenen Position in einem Tätigkeitsfeld
- Ergebnis empirischer Untersuchungen: mit wachsenden Produktionsmengen und zunehmender Erfahrung lassen sich die Kosten der Leistungserstellung senken: sie lassen sich bei jeder Verdoppelung der kumulierten Ausbringungsmenge um 20% bis 30% reduzieren.
- Wirkung Erfahrungskurvenkonzept durch
  - o Degressionseffekt der fixen Kosten
  - o Lernkurvenkonzept
  - o Rationalisierung und Automatisierung
- Strategische Maßnahmen
  - o Konzentration auf Produkte mit hohen Stückzahlen mit Aussicht auf Ertragssteigerung
  - o Erhöhung des kumulierten Absatzes zwecks Ausschöpfung der Kostensenkungspotentiale
  - o Durchführung von Investitionen zur Schaffung von Produktionsmöglichkeiten für große Stückzahlen
  - o Preisgestaltung entsprechend der Kostensenkungsmöglichkeiten zwecks Verhinderung von Konkurrenz
- Grundvoraussetzung
  - o Realisierung des Kostenrückgangs in entscheidendem Maße abhängig von der Fähigkeit des Managements, Kostensenkungspotentiale durch wachsende Erfahrung zu erkennen und zu nutzen
  - o Produktion nicht beliebig steigerbar
  - o Existenz ausreichender sachlicher und finanzieller Mittel zur Ausweitung von Marktanteilen in der Form, dass die anvisierten Kostensenkungen eintreten können.
  - o Kostenvorteile durch Produktionssteigerungen können durch erhöhte Anstrengungen bei Absatz und Vertrieb kompensiert werden
  - o Kostensenkungspotential betrifft nur Kosten eigener Wertschöpfung, nicht externer Leistungen
  - o Kosten sind preissteigerungsbereinigt, stellen somit konstante Geldwerte dar.

Produktlebenszyklus
- Einführungsphase
- Wachstumsphase

- Reifephase
- Sättigungsphase/Degenerationsphase

Benchmarking
Systematischer Vergleich einzelner betrieblicher Funktionen und/oder Abläufe.
Ablauf:
- Vorbereitung: Informationsbeschaffung
- Durchführung: Ermittlung und Analyse
- Umsetzung: Verbesserungsvorschläge

Zielkostenmanagement
- keine „Sunk Costs" (verlorene Kosten z.b. Kosten für Fehlentwicklungen
- vom Preis kalkulieren
- Marktforschung
- Produktkalkulation

PIMS – Programm
- Profit Impact of Market Strategy
- Untersuchung erfolgsbeeinflussender Faktoren im Unternehmen
- Ziel: Ermittlung von Marktgesetzen, die die Höhe der Unternehmensergebnisse bestimmen
- Freiwilliger Zusammenschluss von Unternehmen, die Daten über ihre Geschäftseinheiten zur Verfügung stellen
- Gegenleistung: spezielle Analysen für einzelne Geschäftsfelder der Mitglieder
- Direkter Zugang zu den Analysemodellen und zur Datenbank
- Angaben der wichtigsten Einflussgrößen auf den Return on Investment (ROI)

Instrumente der strat. Planung
- Branchenstrukturanalyse
- Szenario- Analyse
- Kennzahlenanalysen
- Frühwarnsysteme

Instrumente zur expliziten Berücksichtigung von Unsicherheiten:
- Sensivitätsanalyse
- Entscheidungsbaumanalysen
- Risikoanalysen

Ergebnis strategischer Planung: Strategischer Plan
- geplante Erfolgspotentiale
- Strategien und strategische Ziele aller strategischen Planungseinheiten
- Ergebnisse der Unternehmens- und Umweltanalysen
- Schlüssel für die Ressourcenzuteilung

Operative Planung
- als Vollzugplanung für Bereichsplanung
- Prozess der Sicherstellung effizienter und effektiver Ausführung konkreter Aufgaben in den Unternehmensbereichen
- Laufende Disposition
- Zeitraum : kurz- und mittelfristig

- Maßnahmensuche und Maßnahmenbeschreibung
- Festlegung der sachlichen und personellen Ressourcen unter Berücksichtigung des Knappheitsgrades
- Terminfixierung; Festlegung einzelner Verantwortlichkeiten
- Festlegung der Bedingungen, unter welchen Planung stattfindet
- Laufende Disposition (operativ)

Planung ist in der Praxis eine Funktionsbereichsplanung einerseits und bereichsübergreifende Planung andererseits. Erst planen, wenn die anderen Pläne stehen.

- **Marketingplanung (Absatzplan)**
  o Welche Produkte, in welchem Umfang, an wen, wann, wo, zu welchem Preis mit welchem Ergebnis sollen Produkte verkauft werden.

- **Produktionsplanung(Beschaffung, Material, Lager, Produktion)**
  o Was, wie viel, wo, wie , womit, wann, mit welchen Kosten soll hergestellt werden

- **Investitionsplanung**
  o Welche, wann, Alternativen, Vorteilhaftigkeit, Finanzierung

- **Personalplan**
  o Welche, wann, zu welchen Konditionen, Qualifikation, Verfügbarkeit, Arbeitsrecht

- **Finanzplanung**
  o Sicherung der finanziellen Stabilität, der Liquidität
  o Vorbereitung von Kapitalbeschaffung, Vermeidung von Überliquidität
  o Minderung des Verlustrisikos

Aufgaben der Finanzplanung
- Ermittlung der optimalen finanzwirtschaftlichen Struktur (Kapitalherkunft und Kapitalbedarf)
- Aufstellung der Finanzprognose (künftige Ein- und Auszahlungen, Möglichkeiten der Finanzbeschaffung)
- Plankontrolle (ständig)
- Planrevision (bei Veränderung der Rahmenbedingung)

Grundsätze der Finanzplanung
- Regelmäßigkeit
- Vollständigkeit
- Zeitpunktgenauigkeit
- Betragsgenauigkeit
- Bruttoausweis
- Elastizität
- Kontrollierbarkeit
- Wirtschaftlichkeit

Instrument des Finanzplans
- tägliche Finanzdisposition
- Eigentlicher Finanzplan
- Kapitalbindungsplan
- Reservenplan

Grundschema der Finanzplanung nach Mellerowicz
- Finanzgrundplan
- Kreditplan
- Zahlungsmittelplan
- Ergebnis: frei disponierbare Zahlungsmittel

Kostenanalyse
- Analyse der Kostenstruktur
- Kostenauflösung

Verfahren der Kostensenkung
- Grundlagenanalyse (alle Tätigkeiten prüfen ob sie notwendig sind, die nicht notwendigen streichen)
- Wirtschaftlichkeitsanalyse (Wirtschaftlichkeitsrechnung)
- Technizitätsanalyse (Leistung und Kosten vergleichen)
- Checklisten-Technk (Um Schwachstellen zu finden)
- Sensibilitätsanalyse (Wie empfindlich sind die Ergebnisse auf Änderungen)
- Nutzwertanalyse (alle Maßnahmen zur Zielwirkung betrachten, Zielerreichung)
- Qualitative Analyse (isolierte Betrachtung von Faktoren, die sich in besonderer Weise unterscheiden
- Prüfmatrix (Mängel erfassen und die Faktoren die die Mängel verursachen

Konzeptionen zur Kostensenkung

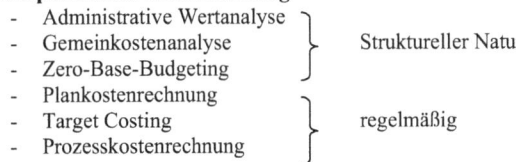

- Administrative Wertanalyse ⎤
- Gemeinkostenanalyse   ⎬ Struktureller Natur
- Zero-Base-Budgeting   ⎦
- Plankostenrechnung   ⎤
- Target Costing   ⎬ regelmäßig
- Prozesskostenrechnung   ⎦

Aufgaben der Erlösplanung:
- Verdeutlichung des Erlösrisikos durch Aufzeigen von Abhängigkeiten von einzelnen Einflussgrößen
- Vorgabe und Abgrenzung verfolgter Größen wie Rentabilität, Effektivität, Produktivität, Effizienz und Qualität
- Aufdeckung von Zusammenhängen und Wirkungen der Marketinginstrumente auf den Erfolg
- Aufbau einer Erlös-Abweichungsanalyse
Erlösplanung nach
- Mengen und Preisen
- Einzelnen Kenngrößen
- Absatzpolitischen Instrumenten
- Fristigkeiten und Zeiten

Steuerliche Planung
- Keine selbständige Teilplanung wie bisherige Bereiche
- Relevanz für Gesamtplanung
- Aufgabe: bei Alternativenabwägung steuerliche Auswirkungen in der Art und Weise berücksichtigen, dass alle legalen Steuerausweichmöglichkeiten genutzt werden.

Einfluss der (nationalen) Besteuerung auf die Planung des optimalen Standorts:
- Durch das Steuersystem bedingte Steuerdifferenzierungen:
  o Realsteuern (Gewerbesteuer, Grundsteuer)
- Durch die Steuerpolitik bedingte Steuerdifferenzierungen:
  o Steuervergünstigungen (z.B. für neue Bundesländern, Förderungsgebietsgesetz (Berlinförderung, Zonenrandförderung))
- Durch dezentrale Finanzverwaltung bedingte Steuerdifferenzierungen:
  o Ermessungsspielräume insbesondere bei der Anerkennung von Abschreibungssätzen, Abgrenzung zwischen Betriebsausgaben und Privatentnahmen, Steuerstundung etc.
- Zwischenstattliches Steuergefälle:
  o Doppelbesteuerungsabkommen
  o Berücksichtigung von Verlusten ausländischer Betriebsstätten
  o Außensteuergesetz

Einfluß der Besteuerung auf die optimale Rechtsform
- Unterscheide in der laufenden Besteuerung des in Personen- und Kapitalgesellschaften erzielten Gewinns und Gewerbeertrags
  o Unterschiedliche Steuerarten
  o Unterschiedliche Ermittlung der Bemessungsgrundlagen
  o Unterschiedliche Tarifgestaltung
- Steuerliche Belastung des Umwandlungsvorganges (Änderung der Rechtsform)

Einfluß der Besteuerung auf die Investitionsplanung
- Steuern als zusätzliche Ausgaben beeinflussen
  o Rentabilität einer Investition
  o Rangfolge von Investitionsprojekten
  o Nutzungsdauer/Ersatzzeitpunkte
- Elemente staatlicher Wirtschaftspolitik durch
  o Gewährung von Sonderabschreibungen
  o Steuerfreie Rücklagenbildung
  o Erhöhung degressiver Abschreibungsbeträge

Einfluß der Besteuerung auf die Finanzplanung
- Steuern stellen einen zwangsweisen Abfluss liquider Mittel dar; Folge:
  o Kürzung der von außen zugeführten Mittel (Verkehrsteuern bei Bar- und Sacheinlagen wie Umsatz- und Grunderwerbsteuer)
  o Reduzierung der Rentabilität der Kapitalanlagen durch Gewinn- bzw. Ertragssteuern
  o Substanzsteuern (Gewerbekapital-, Grundsteuer) kürzen bei fehlenden Erträgen auch das vorhandene EK
- positive Finanzierungseffekte durch
  o steuerliche Sondervorschriften (z.B. zinslose Steuerstundung, Sonderabschreibungen, steuerfreie Rücklagen, Investitionsprämien, Tarifermäßigungen)
- Unterschiedliche Kosten der Eigen- und Fremdfinanzierung

Planung & Controlling
- Unternehmensplanung allein nicht ausreichend
- Ergänzung um ständigen Soll-/Istvergleich und Feststellung der Abweichung

- Überschreiten Abweichungen die im Rahmen der Planung festgelegten Intervalle: Ursachenforschung durch das Controlling verbunden mit Vorschlägen für die nächste Planungsphase
- Auf Grundlage der Plandaten Budgeterarbeitung durch das Controlling
- Frage nach den Planungsträgern und den ihnen zugeordneten Planungsaufgaben
- Fallweise/ständige Einbindung in Planungsaufgaben
- Standardisierung von Plänen
- Dokumentation

Modell- und Computergestützte Planung
- Planungsmodell: Beschreibung der Unternehmung oder funktionale Unternehmensteile (Finanzen, Marketing, Produktion, Personal) in Form von Gleichungen, Restriktionen und logischen Bedingungen
- Relationen eines Planungsmodells werden formuliert, geschätzt und gelöst
- Zielsetzung: Experimente mit den Modellen sollen Auswirkungen möglicher Managemententscheidungen quantifizieren helfen

Einsatz von Modellen zur Unternehmensplanung in Praxis hauptsächlich für 3 Experimenttypen:
- Endogene Fragestellungen
- What-if Fragestellungen
- How to do to achieve Fragestellungen

Data Warehouse
- Verfügbarkeit von Plandaten heute in relationalen Datenbanken oder mehrdimensionalen Datentabellen
- Datennormalisierung als Voraussetzung konsistenter Daten
- Aber: steht Auswertungseffizienz im Vordergrund auch halten redundanter Daten

Kennzahlensysteme
- Finanzplanung ist traditionelles Anwendungsgebiet modellgestützter Planung
- Grundlage zur Beurteilung und Vergleich von Unternehmen (-steilen)
- Entwicklung kompletter Kennziffernsysteme (Dupont, ZVEI)

Strategische Planung zur Krisenbewältigung
Maßnahmen:
- Zur Bewältigung der Liquidität/Überschuldung:
  o Weitere Fremdfinanzierung (neue Finanzierungsformen, neue Kredite)
  o Kurzfristige Kostenreduzierung (Personalabbau)
  o Kurzarbeit
  o Zahlungsmoratorien
  o Debitorenmanagement

Restrukturierungsprogramme:
- Elimination der Cost Driver (Kostenreduktionsmaßnahme)
- Center-Philosophie
- Desinvestitionen (Asset-Management)

- Flachere Hierarchien/Projektorganisation
- Planungs- und Kontrollsysteme
- Produktkomplexitätsabbau
- Qualitätssicherung